어린이가 꼭 알아야 할
환경이야기

어린이가 꼭 알아야 할
환경이야기

글·프랑스와 미셸 그림·마크 부타방
옮김·박창호

영교출판

차례

	환경이 뭐예요?	6
	150년 동안 완전히 바뀐 자연 환경	8
	환경이 살아야 사람도 삽니다	10
	큰 위험에 처한 생태계	12
	우리를 살리는 고마운 땅	14
	돌고 도는 먹이 사슬	16
	물의 순환	18
	공기가 지구를 감싸고 있어요	20
	환경 오염, 심각해요	24
	엄청나게 많지만 부족한 물	26
	수질 오염, 무서워요	30
	물의 오염을 어떻게 막을까요?	34

바다는 정말 쓰레기장일까요?	38
대기 오염, 조심해요	42
쓰레기 산	48
쓰레기 재활용하기	50
소음 공해	52
방사능은 아주 위험해요	54
유전자 변형	58
숲에서 사막으로!	60
우리도 환경을 보호할 수 있어요	62
환경을 다시 살립시다	64
환경 관련 퀴즈	68
가로로 빈 칸을 채우세요	74
환경 관련 단어 모음	76

 환경이 뭐예요?

우리가 살고 있는 곳을 한번 둘러보세요.
거리, 건물, 주차장, 공장, 자동차와 시끄러운 소리로
가득한 도시 그리고 산과 들, 강과 바다, 농촌의
논과 밭 등의 자연을 만날 수 있습니다.

'환경'이란 이렇듯 우리를 둘러싸고 있는 모든 것을 말합니다.
그래서 사람은 환경을 떠나서는 살 수 없답니다.

우리 주변을 살펴보고 싶다면 건물이나 언덕 꼭대기처럼 높은 곳으로 올라가 보세요. 그래도 잘 보이지 않으면 망원경으로 살펴보세요.

 ## 150년 동안 완전히 바뀐 자연 환경

아주 먼 옛날부터 오랫동안 사람들은 자연과 더불어 농사를 짓거나 사냥을 하면서 살아왔습니다. 그런데 최근의 150년 동안에 자연 환경은 심하게 오염되었답니다.

사람이 살아가려면 많은 양의 물과 맑은 공기, 에너지가 필요해요.
그런데 사람들이 생활하면서 공기와 물, 에너지 등을
함부로 쓰는 바람에 지구의 자연 환경은 심하게 오염되고 있답니다.
어떤 것들이 지구를 오염시키는지 알아보도록 해요.

가축들의 분비물

많은 양의 농약 사용

마구잡이식 개발

댐 건설

산업 발전

인구 증가

교통과 통신 수단의 발달

환경이 살아야 사람도 삽니다

환경 보호에 대한 사람들의 관심이 점점 커지고 있습니다.
그래서 많은 사람들이 환경에 대해 여러 가지 연구를 하고 있답니다.

환경에 대한 연구는 19세기 후반, 영국의 생물학자인 찰스 다윈이
발표한 '종의 기원'이라는 이론에서부터 시작되었습니다.
다윈은 생물을 나누는 기초 단위인 '종'이 자연 환경에 맞춰 오랫동안
조금씩 변화해서 보다 우수한 종으로 진화했다고 주장했어요.

공기와 물이 없었다면 생명체는 진화할 수도 없고 살아갈 수도
없었을 것입니다. 우리 몸에도 공기와 물이 필요하고 땅이나 강,
집이나 공장에도 공기와 물이 필요하지요.
이처럼 환경은 우리와 밀접한 관계를 가지고 있답니다.

환경 보호를 위해 자연의 순환 과정을 아는 것은 매우 중요합니다.
물의 순환, 먹이 사슬, 계절의 변화 등….
그런데 자연을 해치는 사람들 때문에 자연의 순환 과정이
흐트러져 생태계에 나쁜 영향을 주기도 합니다.

큰 위험에 처한 생태계

생물이 살아가는 세계를 '생태계'라고 합니다.
생태계 안에서 생물은 주위 환경과 영향을 주고받으며 살아가지요.
그런데 사람들의 활동이 때때로 생태계의 균형을 깨뜨리기도
한답니다.

세계에서 가장 큰 숲은 북캐나다, 시베리아 그리고 아마존 지역에
있어요. 숲에는 다양한 생물들이 먹이 사슬을 이루고 살아가고 있답니다.
만약 먹이 사슬을 이루는 한 생물이 사라진다면 생태계는
커다란 위험에 빠지고 말 거예요.

강이나 바다, 호수와 늪에는 수많은 생물들이 살면서 자기 종들을 번식시키고 있답니다. 또한 물에서 살지는 않지만 번식을 하기 위해 이 곳으로 모여드는 생물들도 있지요.

지구에는 사바나 대초원, 스텝 초원, 툰드라, 팜파스 초원, 알프스 고원 지대와 같은 초원들도 아주 많습니다. 여기에도 많은 생물들이 살고 있답니다.

우리를 살리는 고마운 땅

땅은 지구의 표면층입니다. 땅은 식물의 싹을 돋게 할 뿐만 아니라 수많은 종류의 동물과 미생물이 자라도록 도와 준답니다.
땅 속에는 석유나 석탄, 철과 같은 천연 자원이 묻혀 있고, 농경지에서는 식량이 생산되지요.

식물들은 땅에 뿌리를 내리고 자랍니다.
땅 속의 뿌리로 물을 빨아올리고 잎으로는
햇빛을 받아들이지요. 이 물과 햇빛 덕분에 식물들은
예쁜 초록빛과 함께 영양분을
만들어 낸답니다. 그리고
가장 중요한 사실은
식물들이 공기 중의
이산화탄소를 흡수하고
산소를 내놓는다는 것입니다.

 ## 돌고 도는 먹이 사슬

초식 동물들은 식물을 먹지만 결국은 육식 동물의 먹이가 됩니다.
이처럼 먹고 먹히는 관계를 '먹이 사슬'이라고 하지요.
모든 먹이 사슬은 식물에서부터 시작합니다.

올빼미는 참새를 잡아먹고, 참새는 벌레를 꿀꺽하고,
벌레는 진딧물을 깨물고 있고, 진딧물은 식물의 진을 빨아 먹습니다.
멸치는 아주 작은 플랑크톤을 먹고, 참치는 그 멸치를 삼키고,
상어는 그 참치를 잡아먹고 삽니다.

식물이 없다면, 먹이 사슬도 없겠죠?
그렇게 되면 지구에는 식물을 먹는 동물도 없을 것이고
사람도 살 수 없을 것입니다.

 ## 물의 순환

지구의 70퍼센트를 차지하는 물은 생물이 살아가기 위해 꼭 필요합니다. 지구에서 물은 얼음, 물, 수증기의 세 가지 형태로 있답니다. 물은 자연 속에서 긴 여행을 하는데 이것을 '물의 순환'이라고 하지요. 물이 어떻게 순환을 하는지 살펴볼까요?

태양이 내리쬐면 바닷물과 강물은 수증기가 되어 하늘로 올라갑니다.

식물들도 수증기를 내뿜는답니다. 이것을 '증산 작용'이라고 하지요.

1. 수증기는 하늘로 올라가 구름이 되지요.

2. 바람은 구름을 옮겨 줍니다.

3. 구름은 눈이나 비가 되어 내린답니다.

4. 빗물은 땅 속으로 스며들어 지하수가 됩니다.

5. 빗물은 시냇물과 큰 강을 만듭니다.

6. 강물은 다시 바다로 흘러갑니다.

공기가 지구를 감싸고 있어요

대기는 몇백 킬로미터의 두께로 지구를 둘러싸고 있는 공기층으로, 온도에 따라 다섯 개의 층으로 나누어집니다. 제일 아래층인 대류권에서는 위로 올라갈수록 온도가 낮아지고 공기도 적어지지요. 그래서 아주 높은 산에서는 숨쉬는 것도 힘들고 아주 춥답니다.

대기는 여러 가지 역할을 하고 있답니다.
생물들이 숨을 쉴 수 있게 할 뿐 아니라 식물들이 자랄 수 있도록
도와 줍니다. 뜨거운 태양열로부터 우리를 보호해 주기도 하고,
너무 뜨겁거나 차갑지 않게 기온을 유지시켜 주거나
물의 순환도 도와 줍니다.

대기의 대부분은 질소(78퍼센트)와 산소(21퍼센트)로
이루어져 있답니다. 나머지 1퍼센트는 이산화탄소,
수소 등의 기체들이지요.

오존층은 땅에서부터 30~40킬로미터 사이에 있습니다.
오존층은 태양의 자외선을 막아 주는 역할을 하지요.
만약 오존층이 없다면, 지구 위의 모든 것들이 불타 버렸을 거예요.

대기는 태양열을 적당히 흡수해서 지구의 온도를 알맞게 보존해 준답니다.
이것을 '온실 효과'라고 하지요. 낮 동안 데워진 땅의 열을 대기
밖으로 빼앗기지 않도록 지켜 주어 밤에 따뜻하게 해 주는 것입니다.
만약 온실 효과가 없어진다면 지구는 무척 춥거나
너무 뜨거워져서 사람이 살 수 없게 될지도 모릅니다.

 ## 환경 오염, 심각해요

산업 활동과 교통량의 증가 등으로 갈수록 환경 오염이 심각해지고 있어요. 환경 오염은 이제 건강뿐 아니라 사람들의 삶까지도 위협하고 있답니다.

만약 여러분이 쓰다 남은 페인트나 쓰레기 등을 아무 곳에나 함부로 버리면, 물이나 땅에 사는 수많은 미생물과 동식물 들이 죽게 될 거예요. 타이어나 플라스틱 봉지 같은 것을 태울 때는 몸에 나쁜 가스가 만들어집니다.

그렇게 오염된 물을 우리가 마시게 됩니다.   오염된 공기도 우리가 마시게 되지요.   오염된 물과 공기는 동식물을 죽게 만듭니다.

자동차 휘발유에 있는 납은 도로 위에 쌓이고, 빗물은 도로를 씻어 내어 풀 속으로 납을 옮깁니다. 소는 그 풀을 먹고 자라게 되고 결국 우리는 납이 들어간 소고기와 우유를 먹게 되는 것입니다.

자동차에서 뿜어져 나오는 배기 가스는 공기를 더럽힙니다. 공장 굴뚝이나 가정의 난방 장치에서 나오는 일산화탄소 등도 대기 오염에 큰 몫을 하고 있어요.

집에서 버리는 생활 하수와 공장 하수, 그리고 배에서 나오는 기름 찌꺼기 등으로 인한 물의 오염도 심각한 문제지요.

 ## 엄청나게 많지만 부족한 물

지구에는 엄청나게 많은 물이 있지만 이용할 수 있는 물은 아주 적답니다. 대부분의 물이 짠 바닷물(97퍼센트)이고, 나머지는 꽁꽁 얼어 있거나 땅 속 깊숙이 있기 때문이에요.

이용할 수 있는 물을 확보하는 일은 아주 중요하답니다.
더구나 마실 수 있는 물을 확보하는 일은 더욱 중요하지요.
10억 명 이상의 지구인, 즉 전 세계에서 다섯 명 중 한 명이
물을 구하지 못해 어려움을 겪고 있답니다.

물 소비량은 나라마다 달라요. 아프리카 가나에서 하루에 한 명당 쓰는 물의 양은 유럽 사람보다 70배나 적고 미국 사람보다는 150배나 적습니다.

어떤 나라에서는 물이 너무 부족해서 한 명당 하루에 몇 리터의 물밖에는 쓸 수 없답니다. 북아프리카, 이라크, 사우디아라비아와 같은 나라에서는 특히 물 부족이 심각하지요. 그런데도 계속해서 물을 필요로 하는 인구는 늘어만 가고 있답니다.

해마다 세계적으로 2억 5천만 명이 물 때문에 질병에 걸립니다. 그리고 그 가운데서 약 1천만 명 정도가 죽게 되지요.

🐛 공장에서 여러 가지 물품을 생산하려면 물이 필요하답니다.

여러분이 집에서 매일 사용하는 물의 양은 다음과 같습니다.
(큰 음료수 페트병 하나에 들어가는 물의 양은 1.5리터입니다)

인구가 3천만 명이 넘는 멕시코 시티 같은 도시는 심각한 물 부족으로 거의 모든 사람이 어려움을 겪고 있답니다.

물이 모자라는 나라들 사이에서 전쟁이 일어날 수도 있습니다. 강물과 호수의 물 그리고 지하수 등을 이웃 나라와 나눠 써야 하기 때문이지요. 그래서 오늘날에는 나라들 사이에 물을 나눠 쓰는 일이 매우 중요한 정치적 문제가 되고 있답니다.

 ## 수질 오염, 무서워요

물은 모든 것을 깨끗이 씻어 주지만 그만큼 오염되기도 쉬워요.

가정에서 버리는 생활 하수에는 많은 오염 물질이 들어 있답니다.
배설물, 비누, 세제와 화학 제품 등이 물을 오염시키지요.

공장에서 버리는 물(폐수)에는 아주 해로운 물질들이 들어 있어요.
다행히 현대 산업 시설들은 예전보다는 환경을 덜 오염시키고 있대요.

농부들은 여전히 화학 비료와 벌레를 죽이는 살충제를 많이
사용하고 있습니다. 이들은 빗물과 함께 땅 속으로 스며들어
지하수를 더럽히고 강물과 바다를 오염시키지요.
살충제는 농사에 피해를 주는 벌레뿐 아니라 지렁이, 애벌레,
곤충과 새, 그리고 작은 포유 동물까지 죽인답니다.

우리 몸에 중금속인 납이 오랫동안 쌓이면 납중독증에 걸리게 된답니다.
납중독증은 설사, 심한 피로와 신경 장애 등을 일으키고,
심하면 목숨을 빼앗기도 합니다.

쓰레기를 통과한 빗물도 지하수를 오염시킵니다.
오늘날 전 세계에 있는 반 이상의 강들이 심하게 오염되어 있답니다.
쓰레기를 버리는 것을 제한하고 곳곳에 물을 깨끗이 하는 정화 시설을
만들지 않는다면 몇 년 안에 상황은 더욱 나빠질 것입니다.

화학 비료, 세제 등에 들어 있는 인과 질소라는 물질 때문에
물 속에 사는 아주 작은 식물인 조류가 갑자기 늘어나는 현상을
'부영양화'라고 합니다. 부영양화로 조류가 물을 뒤덮으면
물 속 생물들은 산소가 부족해서 매우 위험하게 된답니다.

송어나 하루살이의 유충이 살고 있으면
물이 깨끗하다는 증거입니다. 반대로 물이 오염되었다는
것을 나타내는 벌레들도 있답니다.

농촌에서 울타리를 뽑거나 경작지를 다시 만들게 되면 땅이
깎이거나 좁고 험한 골짜기가 생기기도 합니다.
또 강물을 불어나게 해서 큰 재난이 일어나기도 하지요.

 ## 물의 오염을 어떻게 막을까요?

물의 오염을 막으려면 우선 물을 오염시키지 않도록 노력하고 이미 오염된 물은 깨끗이 정화해야 한답니다.

빨래를 하거나 설거지를 할 때 세제 사용을 줄이고 물을 아껴 써야 해요. 살충제와 화학 비료의 사용은 될 수 있으면 줄이고 꼭 화학 제품을 사용할 때는 주의를 기울여야 합니다.

우리가 버린 생활 하수는 하수도를 따라 하수 처리장으로 갑니다.
하수 처리장에서는 더러운 물을 맑게 처리해 주지요.

아직 하수 처리 시설이 없는
나라도 있답니다.
인구 밀도가 가장 높은 멕시코가
바로 그런 나라이지요.

하수도는 도시 밑으로 물이 흐르는
커다란 관입니다. 이 관으로 가정, 상가,
병원 및 공장 등에서 흘러 나오는
더러워진 물이 모인답니다.

물의 정화 단계

**1
걸러 내기**
쇠망으로 큰 물체,
종이 등을 거릅니다.

**4
미생물 처리**
박테리아가 남은 오염
물질들을 흡수해요.

**5
정화**
탱크 안에 있는
박테리아로 물을 깨끗이
만들고 박테리아를
분리한 뒤 다시
강물에 흘러 보냅니다.

**2
오염 물질 분리**
물을 3~4시간 동안 그대로 두었다가 위에 떠오른 오염 물질을 먼저 제거합니다.

**3
가라앉은 오염 물질 제거**
바닥에 가라앉은 오염 물질을 제거합니다.

 ## 바다는 정말 쓰레기장일까요?

항구, 대도시 그리고 많은 산업 시설들이 바닷가에 자리잡고 있습니다. 이 곳에서 나오는 하수들은 종종 바다로 직접 흘러들어갑니다. 또 강물에서 흘러온 오염 물질과 여름 휴가 때 사람들이 버린 쓰레기가 바다를 오염시킵니다.

이따금 환경에 해로운 녹색 해초가 바다를 완전히 뒤덮기도 합니다. 해로운 녹색 해초가 크게 번식하는 이유는 세제나 비료에서 생기는 인산과 질산이 바닷물 속에 많아졌기 때문이랍니다.

세계 여러 나라에서는 해마다 바닷물의 수질을 감시합니다.
오염이 심할 때는 조개 같은 해산물을 잡거나 먹지 못하게 하지요.

지중해는 거의 닫혀 있는 바다입니다. 그래서 오염이 매우
심각하지요. 프랑스와 이탈리아의 남쪽 해안과 그리스 아테네
근처 해안의 오염이 특히 심하답니다.

우즈베키스탄의 북쪽에 있는 아랄해의 바닷물이
50년 동안 반으로 줄었습니다.
왜냐하면 사람들이 이 바다로 흘러들어가는 강물을 막아서
목화 밭에 물을 대 주었기 때문입니다.

따뜻한 바다에 사는 아름다운 산호초가 공해로 죽거나 관광 상품으로
마구 뽑혀지는 바람에 서서히 사라지고 있습니다.

바닷물 표면에 거대한 석유 덩어리들이 떠 있는 것을 '검은 조수'라고
합니다. 검은 조수에 의한 해양 오염은 유조선 사고나 양심이
없는 사람들이 몰래 버린 유조선의 나쁜 기름(폐유) 때문에 일어나지요.
이런 것이 바다의 플랑크톤, 해초, 조개 등 바다의 동식물
그리고 새들에게 커다란 피해를 줍니다.

 ## 대기 오염, 조심해요

자동차의 배기 가스, 공장이나 소각장의 매연, 에어컨과 냉장고에서 나오는 프레온 가스 등은 바로 대기 오염의 가장 큰 원인이랍니다.

멕시코, 베이징, 방콕, 파리, 런던, 카이로 그리고 서울 등 대도시의 대기 오염은 매우 심각합니다. 그래서 맑은 날에도 매연이나 오염 물질이 안개처럼 하늘을 덮는 '스모그 현상'이 일어난답니다. 대기 오염은 호흡기 장애, 신경 질환이나 암 등 여러 가지 질병을 일으키지요.

돌로 된 건축물과 조각상 들도
병들어 가고 있답니다.
오염 물질이 빗물에 섞여 산성비를
만들기 때문입니다.

산성비는 나무들을 죽게 하고
심하면 숲 전체를 황폐화시킵니다.

숲의 화재나 화산 폭발도
대기 오염의 심각한
원인이 되지요.

많은 나라들이 공장 굴뚝에 오염 물질을 걸러 내는 필터를 설치해
오염을 막고 있어요. 하지만 값이 너무 비싸, 필터를 설치하지 못한
가난한 나라에서는 공해가 점점 심해지고 있답니다.

엔진이나 보일러, 석탄이나 연탄 등이 완전하게 타지 못하면
일산화탄소가 나옵니다. 일산화탄소는 우리 몸에 매우
나쁜 가스랍니다. 우리 몸 속에 있는
피의 산소 운반 활동을 방해해 숨쉬는 게 힘들어질
뿐만 아니라 심하면 질식 상태가 되어 죽을 수도 있답니다.

석면은 불에 대한 저항력이 강한 아주 얇은 섬유랍니다.
그래서 오래 전부터 사람들은 집을 지을 때나 산업 시설을
만들 때 석면을 이용해 왔지요.
하지만 석면이 사람의 폐에 쌓이면 아주 위험하답니다.

비탈진 눈길에서 자동차 시동을 한번 걸어 보세요.
몇 초 뒤면, 눈은 시커멓게 될 거예요. 여러분은 도시 대기 오염의
80퍼센트가 자동차 때문이라는 사실을 알고 있나요?

자동차의 속도를 줄이면 기름 사용도 그만큼 줄어들고
대기 오염 물질도 줄어듭니다.
급하게 출발하거나 멈추지 말고, 잠깐 멈출 때
시동을 끈다면 배기 가스의 양을 줄일 수 있을 거예요.

온실 효과

온실 효과로 지구 기온이 자꾸 올라가면 남극과 북극의
얼음이 녹게 됩니다. 과학자들은 지금처럼 온도가 올라가면
2100년에는 바닷물의 높이가 50센티미터나 높아질
것이라고 합니다. 또, 높은 기온 때문에 북극과 남극의
얼음이 모두 녹는다면 바닷물의 높이가
지금보다 60미터나 높아질 것이라고 합니다.
그렇게 되면 대륙의 반 이상이
바다 밑으로 가라앉게 되겠지요.
또한 전 세계의 날씨나 기후도 바뀌어
가뭄과 홍수가 생기고 식량난을 겪는 등
엄청난 일들이 벌어질 거예요.

오존층에 생긴 구멍

오존층은 태양의 자외선으로부터 우리를 보호해 준답니다.
자외선은 백내장이나 피부암을 일으키는 등 우리 몸에 아주 해롭지요.
그런데 스프레이, 냉장고, 에어컨과 난방 기구 등에서 배출되는
프레온 가스가 오존층을 조금씩 파괴하고 있답니다.

1985년 이후부터 과학자들은 오존층을 감시하고 있어요.
그런데 남극 대기의 오존층에 생긴 구멍이 해마다 커지고 있습니다.
오존은 사람들에게 해로운 가스랍니다.
스모그를 만들어 공기를 오염시키고 숨쉬기 아주 힘들게 만들지요.

쓰레기 산

우리가 함부로 버린 쓰레기들이 지구를 오염시키고 있어요. 2025년에는 전 세계의 쓰레기 양이 지금의 4~5배가 된다고 합니다. 지구는 점차 거대한 쓰레기 산이 되어 가고 있어요. 우리 나라 사람이 하루에 버리는 쓰레기 양은 1.6킬로그램 정도인데, 미국이나 일본, 프랑스보다 훨씬 많답니다.

쓰레기통에는 무엇이 들어 있을까요?

기타 8퍼센트
플라스틱 제품 10퍼센트
유리병 14퍼센트
금속 5퍼센트
먼지 8퍼센트
휴지 및 종이 30퍼센트
음식 찌꺼기 25퍼센트

건전지는 쓰레기통에 버리지 말고 지정된 곳에 버려야 합니다. 건전지에는 환경을 오염시키는 무서운 물질이 들어 있답니다.

우리 나라 쓰레기 가운데 81퍼센트가 쓰레기장으로 갑니다.
3.5퍼센트는 쓰레기 소각장에서 태워지고 15.5퍼센트가
재활용되고 있지요.
쓰레기장은 보기 흉할 뿐 아니라 냄새도 심하게
나고 지하수를 오염시키기도 합니다. 쓰레기가
썩으면서 나오는 메탄 가스 역시 지구의
온도를 높여 온실 효과를 가져 오게 한답니다.

그래서 쓰레기 양을 최대한 줄이지 않으면 안 됩니다.
종이나 빈 병은 따로 분리 수거하고 재활용하는 습관을 길러야 한답니다.

쓰레기 재활용하기

종이, 유리병, 플라스틱, 금속, 알루미늄 캔 등은 모두 재활용할 수 있답니다.
가장 많이 생기는 음식 찌꺼기로는 거름인 퇴비를 만들 수 있지요.

쓰레기는 꼭 분리 수거를 해야 합니다.
쓰레기를 분리하면 재활용하기도
쉽고 쓰레기 양도 많이 줄일 수 있답니다.

플라스틱을 재생하여 인조 모피, 스웨터, 의자 혹은 정원 바람막이 등을 만들 수 있습니다.

유리는 쉽게 재활용되는 원료입니다. 조각을 내서 녹이면 새로운 물건을 만들 수 있지요.

철은 녹여서 양철판, 철봉 등 많은 종류의 금속 제품으로 다시 사용할 수 있지요.

재활용한 우유 팩 40개가 한 개의 화장지가 되고 낡은 신문지는 새 신문이 된답니다.

폐품을 모아 조각이나 작품을 만드는 예술가도 있지요.

소음 공해

오토바이 소리, 비행기 소리, 자동차의 경적, 확성기, 커다랗게 켜 둔 텔레비전, 공사장의 기계, 커다란 음악 소리 등….
현대인은 이렇듯 시끄러운 소리에 둘러싸여 있습니다. 소음은 사람의 감정뿐만 아니라 건강에도 나쁜 영향을 미친답니다.

데시벨로 보는 소음 단계

단위: 데시벨(dB)

소음은 데시벨(dB)이라는 단위로 측정합니다. 소음이 50데시벨 이상 되면 짜증이 나고, 90데시벨이 넘으면 위험한 수준에 이릅니다.

헤드폰으로 오랫동안 너무 크게 음악을 들으면
청각을 잃을 수도 있어요.

소음이 심한 곳에서 오래 생활하면 집중력이 떨어지고
피곤과 불면증, 신경 장애, 귀가 잘 안 들리는 난청,
심장이 아픈 협심증 등이 생길 수 있답니다.

방사능은 아주 위험해요

방사능은 우리 눈에 보이지도 않고
느낄 수도 없습니다. 방사능을 검출할 수 있는
기계로만 측정할 수 있지요.

아주 적은 양의 방사능이라도 사람의 몸 안에 쌓이면 위험해요.
방사능은 혈액과 소화 장애, 화상, 기형아 출산,
암 등을 불러일으키는데 심하면 죽기도 한답니다.

원자 폭탄이 폭발할 때 나오는 방사능은 주위의
모든 것을 파괴합니다. 1945년 8월 6일 오전 8시 15분
일본 히로시마에서 처음으로 터진 원자 폭탄은
엄청난 피해를 가져왔답니다.

1986년 4월 26일, 기술자들의 실수와 잘못된 설계 때문에
러시아에 있는 체르노빌 원자력 발전소의 원자로가 폭발했습니다.
방사능 구름은 유럽 전체를 뒤덮었고
14일이 지나서야 겨우 불길을 잡을 수 있었지요.
이 사고로 3만 명 이상이 사망했고
지금까지도 이 지역 주민들에게 암이 발생하고
있으며, 기형아 출산이 계속되고 있답니다.

방사능 노출 위험이 있는 핵 폐기물들을 처리하려면
기술과 비용이 많이 든답니다. 러시아가 핵 폐기물을
바다에 몰래 버린 것도 이 때문이지요.
튼튼한 핵 폐기물 처리 시설을 갖추지 않으면
인류는 안전한 미래를 보장받을 수 없답니다.

핵 연료는 방사능이 새어 나오거나 폭발하게 되면
정말 위험하답니다.
오늘날 대부분의 나라에서 핵 연료를 사용하기 때문에
핵 폐기물 문제는 전 세계적으로 큰 골칫거리지요.

 **유전자 변형**

유전자 속에는 각 생물들의 특성이 들어 있어요.
이 유전자는 생물의 번식을 통해 다음 세대로 전해진답니다.

과학자들은 유전자에 대해 많은 연구를 하고 있어요.
유전자 연구를 통해 많은 질병을 치료하거나 예방하고
기형아 출산도 막을 수 있답니다.
또 더 많은 식량을 얻기 위해 농작물이나 동물을 이용해
여러 가지 연구가 이루어지고 있습니다. 그래서 지금은 복제 양
둘리처럼 똑같은 동물을 만들 수도 있게 되었지요.

오늘날 생명 공학에서는 식품을 한꺼번에 많이 생산하기 위해 동식물의 유전자를 연구하고 있어요. 유전자의 모양이 달라지는 유전자 변형을 통해 어떤 것은 빨리 자라게 하고, 또 어떤 것은 병충해에 강하게 만들지요.
그래서 썩지 않는 토마토도 만들게 되었답니다.

그러나 이런 유전자 변형 식품이 우리 몸에 어떤 영향을 끼치고 변형된 종들이 생태계를 어떻게 변화시킬지에 대해서는 아무도 모릅니다. 많은 학자들은 유전자 변형이 꼭 필요한 경우를 빼고는 매우 신중히 이뤄져야 할 것이라고 말합니다.

 **숲에서 사막으로!**

숲은 지구의 자연 환경이 균형을 유지하는 데 중요한 역할을 합니다. 동식물 가운데 절반쯤이 숲에서 살고 있고, 생물이 살아갈 수 있도록 산소를 공급해 주기 때문이지요.

최근 열대 지방의 숲이 큰 위협을 받고 있어요. 숲이 망가지면 그 주위는 모두 사막으로 변하게 된답니다.
요즈음 전 세계적으로 많은 숲들이 산불, 산성비, 폭풍 등으로 피해를 입고 있지요.

아마존, 아프리카 및 아시아의 열대 지방에 있는 숲들이 해마다 사라져 가고 있답니다. 값비싼 가구를 만들거나 공장을 짓고 도로를 만들기 위해 나무들을 마구 베어 내기 때문입니다. 그래서 숲과 함께 수많은 동식물들까지 사라지고 있답니다.

사막은 오랫동안 건조한 기후가 계속되면 생깁니다.
또 사람들이 나무를 마구 베거나, 가축을 많이 기르거나,
지하수를 지나치게 많이 퍼 올려서 생기기도 합니다.
숲이 사막화되면, 땅 위에는 어떤 풀도 자랄 수 없게 되지요.
사막이 된 숲을 복구하려면 아주 오랜 시간이 걸린답니다.

 ## 우리도 환경을 보호할 수 있어요

환경을 보호하기 위해서 우리가 할 수 있는 일은 무엇일까요? 무엇보다 환경 문제에 대해 제대로 알고 그것을 실천하는 자세가 가장 중요하답니다.

작은 물방울들이 모여 큰 강을 이룹니다.
마찬가지로 여러분의 작은 노력들이 모인다면
하나뿐인 지구를 지킬 수 있을 거예요. 물을 절약하고
쓰레기를 분리 수거하거나 재활용하고, 환경을
해치지 않는 제품을 쓰는 것도 중요합니다.
그리고 에너지를 아껴 쓰고 되도록 대중 교통을
이용하는 것도 공해를 줄이는 좋은 방법이 될 것입니다.

우유 팩과 빈 병은 모아서 꼭 재활용을 해야 합니다.

자연 체험 단체나 환경 보호 단체에 가입하는 것도 좋아요.
또 환경 다큐멘터리나 전시회를 보거나 신문이나 방송을 통해
여러 가지 정보를 얻는 것도 좋은 방법이랍니다.

 # 환경을 다시 살립시다

우리가 살고 있는 주변을 한번 둘러보세요.

오늘날 수많은 동물과 식물 들이 사라질 위기에 처해 있답니다.
환경 오염, 공해, 숲의 파괴, 무분별한 사냥과 낚시 등으로 인해
해마다 약 3만 종의 생물들이 사라진다고 합니다.
이러다간 21세기 중반까지 전 생물종의 4분의 1이 멸종될 수도 있답니다.

1930년에 20억 명이던 인구가 2000년에는 60억 명이 되었습니다.
그리고 2040년에는 그 두 배가 될 것이라고 합니다.
이 많은 인구를 위한 물과 식량, 에너지 등등
과연 이런 문제들을 어떻게 해결할 수 있을까요?

식량 문제를 해결하기 위해 유전자 변형 식품을 개발하는 것은
어쩔 수 없는 일이 될지도 모릅니다.
하지만 이런 문제들을 미리 예방하고 지구 오염을 막기
위해서는 환경 보호에 대한 많은 관심과 노력이 필요하답니다.

사라지는 동식물의 보호, 공해 방지법, 남극 보호 조약, 쓰레기 처리 협정 등 각 나라들은 자연을 보호하기 위해 많은 법들을 정했답니다. 1992년 리우데자네이루에서 열린 유엔 환경 회의에서 179개 나라들이 다음과 같은 다짐을 했어요.

'생태계를 보호하고 에너지를 함부로 쓰지 않고
가난과 질병을 몰아 내고 인구 증가를 줄이자.'

환경 보호 단체들은 매우 중요한 역할을 하고 있어요. 이 단체들은 사람들에게 환경 문제의 심각함을 알리고 정부와 다른 나라들도 환경 문제에 관심을 갖도록 노력하고 있답니다.

 석유, 천연 가스와 같은 천연 자원은 몇십 년 뒤에는 다 써서 없어질 것입니다. 천연 자원은 환경을 오염시키는 원인이기도 하지요.
 최근 들어 물이나 바람, 태양의 빛과 열 등을 에너지로 바꾸는 연구가 활발히 진행되고 있습니다. 이런 에너지는 환경을 오염시키지 않지요.
 자, 이제 여러분도 환경 보호를 위해 무엇을 할 수 있는지 생각해 보세요.

환경 관련 퀴즈

여러분은 이제 환경과 환경 보호에 대해 전문가가 되었을 거예요. 자, 그럼 다음 퀴즈를 풀어 보세요.

1 생명체가 살아가는 데 꼭 필요한 두 가지 요소는 무엇일까요?

2 환경에 대한 과학적 연구는 어떤 이론에서 시작되었나요?

3 지구에서 물의 세 가지 형태는 무엇일까요?

4 지구와 땅은 어떻게 다른가요?

5 식물이 자라는 데 필요한 두 가지 기본 영양소는 무엇입니까?

6 식물에 영양을 공급하는 잎 속의 물질은 무엇입니까?

7 식물이 호흡할 때 이산화탄소를 흡수하고 무엇을 내보낼까요?

8 식물 → 벌레 → 새로 이어지는 사슬을 무엇이라고 하나요?

9 구름은 모두 수증기로 이루어져 있습니다. ☐ 옳음 ☐ 틀림

10 식물들은 공기 속에 많은 양의 물을 내뿜어요. ☐ 옳음 ☐ 틀림

11 물에는 다른 물질들이 잘 녹지 않습니다. ☐ 옳음 ☐ 틀림

12 에베레스트 산의 높이는 얼마일까요?

13 온실 효과가 없다면, 지구의 표면은 더워질 것입니다. ☐ 옳음 ☐ 틀림

14 공기 중에는 산소가 가장 많아요. ☐ 옳음 ☐ 틀림

15 오존층은 어떤 역할을 하나요?

16 유럽과 미국의 한 사람당 물소비량은 같답니다. ☐ 옳음 ☐ 틀림

17 전 세계에서 해마다 물 부족으로 죽는 사람의 수는 얼마나 될까요?

18 설탕 1킬로그램보다 옥수수 1킬로그램을 얻는 데 필요한 물의 양이 더 많아요. ☐ 옳음 ☐ 틀림

19 목욕하는 게 샤워하는 것보다 세 배쯤 물이 더 듭니다.
☐ 옳음 ☐ 틀림

20 납중독이란 무엇일까요?

21 농부들이 밭에서 주로 사용하는 두 가지 종류의 화학 제품은 무엇일까요?

22 물 속에서 조류가 급속히 자라서 번지는 현상을 뭐라고 하나요?

23 물의 정화 단계를 순서대로 말해 보세요.

24 더러워진 물을 버리기 전에 정화시키는 곳은 어디일까요?

25 50년 동안 물이 반으로 줄어든 바다는 다음 중 어느 것입니까?
□ 흑해, 아랄해, 카스피해

26 몸 속에 들어가서 호흡을 어렵게 하는 유독 가스는 무엇입니까?

27 100년 뒤 바닷물의 높이는 얼마나 올라갈까요?

28 공기 중에 이산화탄소가 점점 많아지는 것은 왜일까요?

29 오존은 몸에 해로운 가스인가요?

30 우리 나라에서 한 사람이 매일 버리는 쓰레기의 양은 얼마일까요?
0.5킬로그램, 1.6킬로그램, 3킬로그램

31 쓰레기를 태워서 난방을 할 수 있을까요?

32 플라스틱 물병을 재활용해서 북극에 사는 곰의 털을 만들 수 있답니다.
□ 옳음 □ 틀림

33 소음(시끄러운 소리)의 크기를 재는 단위는 무엇인가요?

34 핵 폐기물들을 처리하려면 기술과 비용이 많이 듭니다.
　　□ 옳음　□ 틀림

35 유전자 변형으로 동식물을 빨리 자라게 하거나 크게 할 수 있어요.
　　□ 옳음　□ 틀림

36 석탄과 석유는 재활용할 수 있는 연료일까요?

37 2040년에 지구의 인구는 얼마나 될까요?

38 해마다 몇 종류의 생물들이 사라질까요?

39 환경을 오염시키지 않는 에너지는 어떤 것들이 있나요?

40 세계에서 가장 큰 숲들은 어디에 있을까요?

환경 관련 퀴즈 해답

1 공기와 물
2 종이 기름
3 똥, 영양, 수증기입니다.
4 지구는 숨쉬고 살고 있는 생물이며, 많은 사람들이 숨쉬고 살아갈 수 있는 지구가 필요합니다.
5 물과 이산화탄소
6 혈액소
7 식수
8 사람이 살
9 틀림. 지구는 많은 물질들이 포함되어 있어요.
10 산소 가스
11 틀림. 바다에 물 분자들이 매우 많 녹아요.
12 8,848미터
13 틀림. 우주 상공이 있습니다. 지구 표면의 둥근 상태에 대한 18도를 잴 것입니다.
14 틀림. 가장 많은 강은 컴포입니다.
15 오존층은 태양의 자외선으로부터 지구를 보호합니다.
16 틀림. 미국 사람들이 무려 사람보다 쓰레기를 훨씬 많이 배출합니다.
17 1년에 약 1정도 량
18 종이
19 종이
20 환경부 우리 신체에 더 정유이 쓰이거나 생기는 병입니다.
21 청각 비롯한 공동체

22 녹색운동
23 금리 내기 → 이용 물질 분리 → 재활용품 수분 정책 → 재활용품 처리
24 경수 저거집
25 아철재
26 임산상태음
27 약 50센티미터 이상 돋운습니다.
28 동네 정류, 단단한 정치 및 봉상자에 주로 쓰이며 싱크대 물통 등을 매질 때 나무를 덜어먹기 때문에 매일입니다.
29 오존층은 우리 몸에 아주 위험하고 해롭고 공기가 자동차의 매기 가스 배출됩니다.
30 한 번 사용하고 나서 1.6킬로그램의 쓰레기가 나옵니다.
31 돈을 수 있어요, 나사기를 다시 사용할 수 있는 장소를 재활용 공장 등을 가옵시다오.
32 옳음. 녹슨몸이 자고 물을 아끼지만 그 미술량은 탈을 감상 수 있어요.
33 데시벨(dB)
34 옳음
35 옳음
36 사람과 상호한 재생털 수 있는 연료들입니다.
37 100년에서 120억 년 사이
38 3단 중
39 태양의 열과 빛, 바람, 물 등을 이용한 에너지
40 캐나다, 세계에서 폭 면적이 가장 큼름 세계에서 가장 큽니다.

가로로 빈 칸을 채우세요

1 자동차의 연료로 쓰이며 공기를 오염시킨다.
2 땅 위에 쓰레기를 쌓아 두는 곳
3 납중독을 일으키는 금속
4 다 쓰거나 버린 물건들을 다시 사용하는 것
5 자외선으로부터 지구를 보호하는 가스
6 기온이 섭씨 0도 이하일 때, 하늘에 떠 있던 수증기가 단단하게 뭉쳐져서 내리는 것
7 소음(시끄러운 소리)의 양을 재는 단위
8 같은 특징을 지녔고 생물을 구분하는 가장 작은 단위

정답

1. 휘발유 2. 쓰레기장 3. 납 4. 재활용 5. 오존 6. 눈 7. 데시벨 8. 종

1 생명을 유지하게 하며 우리가 호흡하는 데 필요한 가스
2 금이나 철, 석탄 등 자연적으로 생긴 물질
3 생명이 있으며, 자라고 계속해서 생겨나는 생물
4 핵분열이나 핵융합을 통해 얻을 수 있는 에너지
5 오염에 아주 민감한 연어과의 바닷물고기
6 지구를 둘러싸고 있는 공기층
7 밭이나 논에 영양을 주려고 뿌리는 것
8 산소를 만드는 생물체
9 열에 의해 물이 증발하여 생긴 기체
10 이산화탄소, 일산화탄소 등 여러 종류의 연료 가스들이 뒤섞인 것
11 소나 말, 돼지 같은 집 짐승을 먹이고 기르는 일
12 1992년에 유엔 환경 회의가 열린 도시는?
13 자연 환경의 균형이 깨지고 더러워지는 현상

정답

1. 산소 2. 광물 3. 생명체 4. 핵에너지 5. 송어 6. 대기 7. 비료 8. 식물
9. 수증기 10. 매연 11. 가축사육 12. 리우데자네이루 13. 오염

환경 관련 단어 모음

납중독
납이 몸에 많이 쌓여서 중독 증상으로 나타나는 질병

대기
지구를 둘러싸고 있는 공기층

데시벨(dB)
소음을 측정하는 단위로 80~100 데시벨이 넘을 경우 위험해요.

방사능
불안정한 원소의 원자핵이 스스로 붕괴하면서 에너지와 방사선을 내뿜는 현상

사막화
동물과 식물이 지구에서 사라지는 현상으로, 기후 변화와 가뭄 그리고 마구잡이로 나무를 잘라 내는 것 등이 원인이랍니다.

산성비
공기 중에 있는 공해 물질을 포함하고 있는 비로, 강수량이 많을 때는 나무 등에 피해를 주게 됩니다.

살충제
재배와 성장을 방해하는 생물을 죽이기 위해 땅과 식물에 널리 쓰이는 화학 물질

생물 지수
송어 및 하루살이 유충 같은 생물이 있느냐 없느냐에 따라 환경 오염의 정도를 나타내는 지수

생태계
동식물과 자연 환경(숲, 늪지 등)이 서로 의존 관계를 유지하면서 균형과 조화를 이루는 자연 체계

순환
지구 표면에 있는 물질에 의해 계속되는 단계의 연속

연소
물질과 산소 간에 일어나는 화학 작용으로, 타면서 에너지가 생깁니다.

엽록소
식물의 잎사귀에 있는 색소로 영양분을 만드는 일을 합니다.

온실 효과
낮 동안 데워진 지표면의 열을 대기 밖으로 빼앗기지 않도록 대기가 비닐하우스처럼 온실 역할을 해 줍니다. 이산화탄소, 메탄 가스 등은 온실 효과를 더 높여 줍니다.

유전자
개인의 기능과 성장을 결정하는 세포핵에 새겨진 특수한 물질

이산화탄소
생물이 숨을 쉬거나 연소할 때

배출되는 가스로 녹색 식물의
영양분이 됩니다.

인구 통계학
지구에 살고 있는 사람들의
수와 증가를 연구하는 학문

재활용
쓰레기로 버리지 않고 원료와
에너지를 절약하기 위해
다시 사용하는 일

종
기본적인 공통의 특징을
갖고 있는 생물군

증산 작용
식물의 활동으로 대기에 수증기가
배출되는 현상

탄소
생물을 구성하고 있는 기본적인
화학 원소

퇴비
식물의 성장을 돕기 위해 만든
자연적이거나 화학적인 혼합 물질

환경학
생명체와 그들이 살고 있는 주변
환경과의 관계를 연구하는 학문

Original title : L'Ecologie A Petits Pas
Written by Francois Michel
Illustrated by Marc Boutavant

ⓒ 2001, ACTES SUD S.A.
Korean Translation Copyright ⓒ 2002 Youngkyo Publishing Co., Ltd.
All rights reserved

Korean edition rights arranged with ACTES SUD S.A.,
through the Best Agency.

어린이가 꼭 알아야 할 환경이야기

1판 1쇄 | 2002년 6월 10일
1판 10쇄 | 2012년 5월 9일

글 | 프랑스와 미셸
그림 | 마크 부타방
옮김 | 박창호
펴낸이 | 박현진
펴낸곳 | (주)영교출판
주소 | 경기도 파주시 교하읍 문발리 출판문화정보산업단지 514-5
전화 | (031)955-1515~6
팩스 | (031)955-1517
출판등록 | 2000년 4월 24일 제20-328호
홈페이지 | www.bawoosol.co.kr

정가 6,500원
ISBN · 89-8389-295-1 73530
잘못 만들어진 책은 바꾸어 드립니다.

이 책의 한국어판 저작권은 베스트 에이전시를 통한 프랑스 ACTES SUD S.A.와의 독점 계약으로
(주)영교출판에 있습니다. 저작권법에 의해 한국에서 보호를 받는 저작물이므로 무단 전재와 복제를 금합니다.